De la part de
L'Auteur

BAGATELLES.

DIALOGUE

ENTRE

LA GOUTTE ET M. F.

à Minuit le 22 Octobre 1780.

M. F.

EH ! oh ! eh ! Mon Dieu ! qu'ai-je fait pour mériter ces souffrances cruelles ?

LA GOUTTE.

Beaucoup de choses. Vous avez trop mangé, trop bu, & trop indulgé vos jambes en leur indolence.

M. F.

Qui est-ce qui me parle ?

LA GOUTTE.

C'est moi-même, la goutte.

M. F.

Mon ennemie en personne !

LA GOUTTE.

Pas votre ennemie.

A ij

M. F.

Oui, mon ennemie ; car non-ſeulemen vous voulez me tuer le corps par vos tour mens, mais vous tâchez auſſi de détruir ma bonne réputation. Vous me repréſente comme un gourmand & un ivrogne. Et tou le monde qui me connoît, ſçait qu'on ne m' jamais accuſé auparavant d'être un homm qui mangeoit trop, ou qui buvoit trop.

LA GOUTTE.

Le monde peut juger comme il lui plaît. I a toujours beaucoup de complaiſance pou lui-même, & quelquefois pour ſes amis Mais je ſçais bien, moi, que ce qui n'eſt pa trop boire, ni trop manger pour un homm qui fait raiſonnablement d'exercice, eſt tro pour un homme qui n'en fait point.

M. F.

Je prends, — eh ! eh ! — autant d'exercice —eh ! — que je puis, Madame la Goutte Vous connoiſſez mon état ſédentaire, & i me ſemble, qu'en conſéquence vous pour riez, Madame la Goutte, m'épargner un peu conſidérant que ce n'eſt pas tout-à-fait m faute.

LA GOUTTE.

Point du tout. Votre Rhétorique & votr Politeſſe ſont également perdues. Votre ex cuſe ne vaut rien. Si votre état eſt ſédentaire, vos amuſemens, vos recréations doivent être actifs. Vous devez vous promener à pied ou à cheval; ou ſi le temps vous en empêche, jouer au billard. Mais examinons votre cours de vie. Quand les matinées ſont longues & que vous avez aſſez de temps pour vous promener, qu'eſt-ce que vous faites ? Au lieu de gagner de l'appetit pour votre déjeuner par un exercice ſalutaire, vous vous amuſez à lire des livres, des brochures, ou gazettes dont la plupart n'en valent pas la peine. Vous déjeunez néanmoins largement; quatre taſſes de thé à la crême avec une ou deux tartines de pain & de beurre couvertes de tranches de bœuf fumé, qui, je crois, ne ſont pas les choſes du monde les plus faciles à digérer. Tout de ſuite vous vous placez à votre bureau, vous y écrivez, ou vous parlez aux gens qui viennent vous chercher pour affaire. Cela dure juſqu'à une heure après midi ſans le moindre exercice de corps. Mais tout cela je vous le pardonne, parce que cela tient, comme vous dites, à votre *état ſédentaire*. Mais après dîner, que faites-vous ? Au lieu de vous promener dans les beaux jardins de vos amis chez leſquels vous avez dîné, comme font les gens ſenſés, vous voilà établi à l'échiquier jouant aux échecs, où on peut vous trouver deux ou trois heures. C'eſt-là votre recréation éternelle ! La recréation qui de

toutes eſt la moins propre à un homme ſéden
taire ; parce qu'au lieu d'accélérer le mouvement des fluides, il demande une attention ſ
forte & ſi fixe, que la circulation eſt retardé
& les ſecrétions internes empêchées. Enve
loppé dans les ſpéculations de ce miſérabl
jeu, vous détruiſez votre conſtitution. Qu
peut-on attendre d'une telle façon de vivr
ſinon un corps plein d'humeurs ſtagnante
prêtes à ſe corrompre, un corps prêt à tombe
en toutes ſortes de maladies dangereuſes, ſ
moi, la Goute, je ne viens pas de temps e
temps à votre ſecours pour agiter ces humeurs
& les purifier ou diſſiper ? Si c'étoit dan
quelque petite rue ou coin de Paris, dépourvu
de promenades, que vous paſſiez quelqu
temps aux échecs après dîner, vous pourrie
dire cela en excuſe : mais c'eſt la même choſ
à Paſſy, à Auteuil, à Montmartre, à Epinay
à Sanoy où il y a les plus beaux jardins &
promenades & belles Dames, l'air le plus pur
les converſations les plus agréables, les plu
inſtructives, que vous pouvez avoir tout e
vous promenant, mais tous ſont négligé
pour cet abominable jeu d'échecs. Fi donc
M. F. ! Mais en continuant mes inſtructions
j'oubliois de vous donner vos corrections.
Tenez cet élancement ; & celui,

M. F.

Oh ! eh ! oh ! ohh!! ! - Autant que vous

voudrez de vos instructions, Madame la Goutte, même de vos reproches, mais de grace plus de vos corrections.

LA GOUTTE

Tout au contraire, je ne vous rabattrois pas le quart d'une. Elles sont pour votre bien. Tenez.

M. F.

Oh! ehhh! — Ce n'est pas juste de dire que je ne prends aucun exercice. J'en fais souvent dans ma voiture, en sortant pour aller à dîner, & en revenant.

LA GOUTTE.

C'est de tous les exercices imaginables le plus léger & le plus insignifiant que celui qui est donné par le mouvement d'une voiture suspendue sur des ressorts. En observant la quantité de chaleur obtenue de différentes especes de mouvement, on peut former quelque jugement de la quantité d'exercice qui est donnée par chacun. Si, par exemple, vous sortez à pied en hiver, avec les pieds froids, en marchant une heure, vous aurez vos pieds & tout votre corps bien échauffés. Si vous montez à cheval, il faut troter quatre heures avant de trouver le même effet; mais si vous vous placez dans une telle voiture, vous pouvez voyager toute une journée, & entrer votre derniere auberge avec vos pieds encore froids. — Ne vous flattez donc pas qu'en passant une demi-heure dans votre voiture vous preniez de l'exercice. Dieu n'a pas donné des voitures à roues à tout le monde, mais il a donné à chacun deux jambes, qui sont des machines infiniment plus commodes & plus serviables ; soyez-en reconnoissant, & faites usage des vôtres. Voulez vous savoir comment elles font circuler vos fluides en même temps qu'elles vous transportent d'un lieu à un autre, pensez que quand vous marchez, tout le poids de votre corps est jetté alternativement sur l'une & l'autre jambe ; cela presse avec grande force sur les vaisseaux du pied, & refoule ce qu'ils contiennent. Pendant que le poids est ôté de ce pied & jetté sur l'autre, les vaisseaux ont le temps de se remplir, & par le retour du poids, ce refoulement est répété, ainsi la circulation du sang est accélérée en marchant. La chaleur produite en un certain espace de temps est en raison de l'accélération ; les fluides sont battus, les humeurs attenuées, les secrétions facilitées, & tout va bien. Les joues prennent du vermeil, & la santé est établie. Regardez votre amie d'Auteuil, une femme qui a reçu de la nature plus de science vraiment utile, qu'une demi-douzaine ensemble de vous Philosophes prétendus n'en n'ont tiré de tous vos livres. Quand elle voulut vous faire l'honneur de sa visite, elle vint à pied; elle ſe promene du matin juſqu'au ſoir, & elle laiſſe toutes les maladies d'indolence en partage à ſes chevaux. Voilà comme elle conſerve ſa ſanté, même ſa beauté. Mais vous, quand vous allez à Auteuil c'eſt dans la voiture. Cependant il n'y a pas plus loin de Paſſy à Auteuil, que d'Auteuil à Paſſy.

M. F.

Vous m'ennuiez avec tant de raiſonnemens.

LA GOUTTE.

Je le crois bien. Je me tais, & je continue mon office. Tenez cet élancement, & celui-ci.

M. F.

Oh ! ohh ! — Continuez de parler, je vous prie.

LA GOUTTE.

Non. J'ai un nombre d'élancemens à vous donner cette nuit, & vous aurez le reſte demain.

M. F.

Mon Dieu, la fievre ! Je me perds. Eh ! eh ! N'y a-t-il perſonne qui puiſſe prendre cette peine pour moi.

LA GOUTTE.

Demandez cela à vos chevaux. Ils ont pris la peine de marcher pour vous.

M. F.

Comment pouvez-vous être ſi cruelle, de me tourmenter tant pour rien.

LA GOUTTE.

Pas pour rien. J'ai ici une liſte de tous vos péchés contre votre ſanté, diſtinctement écrite, & je peux vous rendre raiſon de tous les coups que je vous donne.

M. F.

Liſez-la donc.

LA GOUTTE.

C'eſt trop long à lire. Je vous en donnerai le montant.

M. F.

Faites-le. Je ſuis tout attention.

LA GOUTTE.

Souvenez-vous combien de fois vous vous êtes propoſé de vous promener le matin ſuivant dans le bois de Boulogne, dans le jardin de la Muette ou dans le vôtre; & que vous avez manqué de parole; alléguant quelquefois que le temps étoit trop froid, d'autrefois qu'il étoit trop chaud, trop venteux, trop humide, ou trop quelqu'autre choſe, quand en vérité, il n'y avoit rien de trop qui empêchoit, excepté votre trop de pareſſe.

M. F.

Je confesse que cela peut arriver quelquefois, peut-être pendant un an dix fois.

LA GOUTTE.

Votre confession est bien imparfaite, le vrai montant est cent quatre-vingt-dix-neuf.

M. F.

Est-il possible!

LA GOUTTE.

Oui; c'est possible, parce que c'est un fait. Vous pouvez rester assuré de la justesse de mon compte. — Vous connoissez les jardins de M. B****, comme ils sont bons à promener. Vous connoissez le bel escalier de cent cinquante degrés qui méne de la terrasse en haut, jusqu'à la plaine en bas. Vous avez visité deux fois par semaine dans les aprés midi cette aimable famille; c'est une maxime de votre invention, qu'on peut avoir autant d'exercice en montant & en descendant un mille en escalier, qu'en marchant dix sur une plaine. Quelle belle occasion vous avez eue de prendre tous les deux exercices ensemble. En avez-vous profité? & combien de fois?

M. F.

Je ne peux pas bien répondre à cette question.

LA GOUTTE.

Je répondrai donc pour vous. Pas une foi

M. F.

Pas une fois !

LA GOUTTE.

Pas une fois. Pendant tout le bel été pass vous y êtes arrivé à six heures. Vous y ave trouvé cette charmante femme & ses beau enfans, & ses amis, prêts à vous accompa gner dans ces promenades, & de vous amuse avec leurs agréables conversations. Et qu'a vez-vous fait ? Vous vous êtes assis sur l terrasse, vous avez loué la belle vue, regard la beauté des jardins en bas ; mais vous n'ave pas bougé un pas pour descendre vous y pro mener. Au contraire vous avez demandé d thé & l'échiquier. Et vous voilà collé à votr siége jusqu'à neuf heures. Et cela après avoi joué peut-être deux heures où vous avez dîné Alors, au lieu de retourner chez vous à pied ce qui pourroit vous remuer un peu, vou prenez votre voiture. Quelle sottise de croir qu'avec tout ce déréglement, on peut se con server en santé sans moi.

M. F.

A cette heure, je suis convaincu de la jus tesse de cette remarque du bon homme Richard, que nos dettes & nos péchés ſont toujours plus grands qu'on ne penſe.

LA GOUTTE.

C'eſt comme cela, que vous autres Philoſophes avez toujours les maximes des Sages dans votre bouche, pendant que votre conduite eſt comme celle des ignorans.

M. F.

Mais faites-vous un de mes crimes de ce que je retourne en voiture chez Me. B****?

LA GOUTTE.

Oui aſſûrement; car vous qui avez été aſſis toute la journée, vous ne pouvez pas dire que vous êtes fatigué du travail du jour. Vous n'avez pas beſoin donc d'être ſoulagé par une voiture.

M. F.

Que voulez-vous donc que je faſſe de ma voiture?

LA GOUTTE.

Brûlez-la, ſi vous voulez. Alors vous en tirerez au moins pour une fois de la chaleur. Ou ſi cette propoſition ne vous plaît pas, je vous en donnerai une autre. Regardez les pauvres payſans qui travaillent la terre dans les vignes & les champs autour des villages de Paſſy, Auteuil, Chaillot, &c. vous pouvez tous les jours, parmi ces bonnes créature trouver quatre ou cinq vieilles femmes vieux hommes, courbés & peut-être estropi sous le poids des années & par un travail tr fort & continuel, qui, après une long journée de fatigue, ont à marcher peut-êt un ou deux milles pour trouver leurs cha mieres. Ordonnez à vorre cocher de les pre dre & de les placer chez eux. Voilà une bon œuvre! qui fera du bien à votre ame; & en même temps vous retournez de votre visi chez les B * * * * à pied, cela sera bon po votre corps.

M. F.

Ah! comme vous êtes ennuyeuse!

LA GOUTTE.

Allons donc à notre métier, il faut souv nir que je suis votre Médecin. Tenez.

M. F.

Ohhh! —Quel diable de Médecin!

LA GOUTTE.

Vous êtes un ingrat de me dire cela. N'es ce pas moi qui, en qualité de votre Médeci vous ai sauvé de la paralysie, de l'hydropis & de l'apoplexie, dont l'une ou l'autre vo auroient tué il y a long-temps, si je ne les e avois empêchée.

M. F.

Je le confeſſe. Et je vous remercie pour ce qui eſt paſſé. Mais de grace quittez-moi pour jamais. Car il me ſemble qu'on aimeroit mieux mourir que d'être guéri ſi douloureuſement. Souvenez-vous que j'ai auſſi été votre ami. Je n'ai jamais loué de combattre contre vous, ni les Médecins, ni les Charlatans d'aucune eſpece; ſi donc vous ne me quittez pas, vous ſerez auſſi accuſable d'ingratitude.

LA GOUTTE.

Je ne penſe pas que je vous doive grande obligation de cela. Je me moque des Charlatans; ils peuvent vous tuer, mais ils ne peuvent pas me nuire. Et quant aux vrais Médecins, ils ſont enfin convaincu de cette vérité, que la goutte n'eſt pas une maladie, mais un véritable rémede; & qu'il ne faut pas guérir un remede. Revenons à notre affaire. Tenez.

M. F.

Oh de grace quittez-moi, & je vous promets fidélement que déſormais je ne jouerai plus aux échecs, que je ferai de l'exercice journellement, & que je vivrai ſobrement.

LA GOUTTE.

Je vous connois bien: vous êtes un beau prometteur; mais après quelques mois de bonne ſanté, vous commencerez à aller votre ancien train. Vos belles promeſſes ſeront oubliées comme on oublie les formes des nuages de la derniere année. Allons donc, finiſſons notre compte. Après cela je vous quitterai ; mais ſoyez aſſuré que je vous reviſiterai en temps & lieu : car c'eſt pour votre bien, & je ſuis, vous ſçavez, votre bonne amie.

www.ingramcontent.com/pod-product-compliance
Lightning Source LLC
LaVergne TN
LVHW010219230826
846091LV00008BB/3591

9782011940957